MÉMOIRE

SUR LA

MÉTHODE IATRALEPTIQUE

ET

RÉVULSIVE-EXTERNE

DE METTEMBERG.

A PARIS,
Chez l'AUTEUR, rue Saint-Thomas-d'Enfer, n° 5,
Près le Luxembourg.

Juillet 1831.

Imprimerie de ALFRED COURCIER, rue du Jardinet, n° 12.

A MONSIEUR

LE COMTE D'ARGOUT,

PAIR DE FRANCE, MINISTRE SECRÉTAIRE-D'ÉTAT AU DÉPARTEMENT DU COMMERCE ET DES TRAVAUX PUBLICS.

MONSIEUR LE MINISTRE,

J'ai reçu la lettre que vous avez cru devoir m'adresser, le 15 avril dernier ; et j'ai l'honneur de vous envoyer ci-joint ma Réfutation.

Je suis avec un profond respect,

MONSIEUR LE MINISTRE,

Votre très humble et très obéissant serviteur.

Paris, le 20 juin 1831.

Rue Saint-Thomas-d'Enfer, n° 5.

MINISTÈRE DU COMMERCE
ET DES TRAVAUX PUBLICS.

3e DIVISION. — 5e BUREAU.

REMÈDES SECRETS.

(On ne peut donner suite à sa demande.)

Paris, le 15 avril 1831.

A Monsieur Mettemberg, Chirurgien de la Garde de la Chambre des Pairs.

Monsieur, j'ai eu sous les yeux, une réclamation que vous avez présentée à mon prédécesseur, et qui était appuyée par plusieurs Membres de la Chambre des Députés ; réclamation tendante à l'annulation d'une Décision ministérielle qui a statué que l'acquisition de votre remède contre la gale ne serait pas proposée au Gouvernement, et que vous deviez, en conséquence, vous abstenir de faire débiter et distribuer ce remède secret.

D'après le compte que je me suis fait rendre de cette affaire, j'ai reconnu que la Décision qui a donné lieu à votre réclamation était fondée sur les conclusions d'un Rapport de l'Académie Royale de Médecine, qui avait été légalement investie du droit de prononcer, en dernier ressort, sur le mérite de votre remède ; que cette Décision ne pouvait être attaquée, en droit, ni pour la forme, ni pour le fond, comme l'ont établi un Avis du Comité de l'Intérieur et l'Ordonnance rendue par le Roi, en son Conseil, sur le pourvoi que vous avez formé ; que les

*. .

Décrets des 6 février 1810 et 18 mars 1813, qui avaient autorisé provisoirement la vente et la distribution de votre remède, ont dû cesser leur effet aussitôt après la Décision définitive, et qu'ainsi vous ne pouvez pas en réclamer maintenant l'application.

J'ai reconnu, en outre, que, dans l'état actuel des choses, il serait sans objet de soumettre votre demande à de nouvelles expériences, attendu que la question doit avoir été suffisamment éclaircie par les expériences faites depuis plus de 30 ans; que d'ailleurs ces épreuves présenteraient de grandes difficultés, puisque l'Administration des Hospices ne veut pas consentir à ce qu'elles aient lieu dans les Établissemens qui lui sont confiés.

D'après ces considérations, je me vois, à regret, dans l'impossibilité de donner aucune suite à votre demande.

J'ai l'honneur d'être, Monsieur, votre très humble serviteur.

Le Pair de France, Ministre Secrétaire-d'État au département du Commerce et des Travaux publics.

Signé Cte d'ARGOUT.

RÉFUTATION.

OBSERVATIONS PRÉLIMINAIRES.

« Le Gouvernement représentatif a cela d'excellent, » que toutes les préventions et toutes les injustices » tombent au grand jour (qu'on ne peut éviter) de » la discussion et de la publicité. »

Je vais rappeler des actes solennels qui établissent mes droits acquis depuis 1794, époque d'un appel du Gouvernement, et qu'aucune autorité n'a eu le pouvoir de révoquer.

Par Décret impérial du 6 février 1810, motivé sur les procès-verbaux de nombreuses expériences *contradictoires*, j'ai été spécialement *autorisé* à préparer, annoncer et vendre publiquement le Remède contre la gale et *ses dégénérescences*, dont je suis l'auteur et qui est connu sous le nom de *Quintessence anti-psorique* ou *Eau de Mettemberg*. Ce Décret spécial, qui a *définitivement* et non *provisoirement* excepté ledit Remède de l'article 36 de la Loi du 21 germinal an XI (11 avril 1803) sur l'exercice de la Pharmacie, et qui a constitué une propriété industrielle pour le moins aussi bien méritée, aussi sacrée que celles des auteurs ou possesseurs de tous les autres remèdes particuliers *autorisés*, a été notifié officiellement, le 27 février 1810, à MM. les Préfets des Départemens, par M. le Ministre de l'Intérieur.

Si, depuis cette époque, le Décret du 18 août 1810 a obligé les inventeurs ou possesseurs desdits remèdes *autorisés*, à en déclarer la composition à M. le Ministre de l'Intérieur pour en recevoir le prix, et si, d'après le Décret du 26 décembre suivant et l'Avis du Conseil d'État du 5 avril 1811, le Gouvernement a renoncé à cette mesure onéreuse pour les laisser jouir tranquillement du bénéfice porté par le Décret du 25 prairial an XIII (14 juin 1805) relatif aux remèdes secrets, je ne puis et ne dois être dépouillé du droit commun par une Décision de M. le Ministre Corbière, fondée sur le rapport *discrétionnaire* d'une Commission *extra-légale*, comme nous le démontrerons ci-après, attendu que mon Remède légalement communiqué, analysé, éprouvé, approuvé, *autorisé*, reconnu bon *en soi* et très utile à l'humanité (administré suivant ma méthode *iatraleptique* et *révulsive-externe* qui lui est jointe), n'était *plus* dans la catégorie des remèdes secrets proprement dits et ne devait pas être traité comme tel, et que, selon la Chambre des Députés et les Tribunaux, des Décrets ne peuvent être détruits par des décisions ministérielles.

RÉFUTATION

DE LA LETTRE DE M. LE MINISTRE,

DU 15 AVRIL 1831.

Ma réclamation, ainsi que le dit la lettre de M. le Ministre, était appuyée de plusieurs Députés et Conseillers d'État, au nombre de *dix-huit,* dont deux Médecins, qui l'avaient reconnue juste et fondée. Cette réclamation avait pour objet l'annulation de la décision ministérielle du 30 novembre 1826, qui a prohibé d'une manière arbitraire et illégale, un Remède particulier *autorisé* et provoqué dans le principe par le Gouvernement lui-même, en 1794.

Je demandai et persiste toujours à demander qu'on exécute *loyalement* et *légalement* le Décret spécial d'*instruction* du 18 mars 1813, *tendant à l'acquisition et à la publication officielle de mon Remède,* ou bien qu'on me laisse dans l'état où j'étais auparavant, attendu que les formes légales prescrites pour l'exécution de ce Décret, sont pour moi un droit acquis qui ne peut m'être enlevé arbitrairement.

Je vais examiner les motifs qui ont déterminé M. le Ministre des Travaux publics et du Commerce, à maintenir la décision prohibitive de M. le Ministre Corbière, du 30 novembre 1826.

M. le Ministre dit que cette décision est fondée sur les conclusions d'un rapport de l'Académie Royale de Médecine, qui avait été LÉGALEMENT INVESTIE *du droit de prononcer en dernier ressort sur le mérite du Remède.*

Il y a erreur dans cette assertion. D'après les Décrets des 18 août 1810 et 18 mars 1813, c'était la Faculté de Médecine de Paris qui avait été investie du droit de faire un nouvel examen des propriétés *préservative, indicative* et *curative* de mon *Spécifico-cosmétique*, qui résident dans ses effets *révulsifs-externes* et *diaphorétiques*; et c'est toujours dans le sein de cette Faculté qu'on a pris la majorité des Membres des Commissions d'examen et de révision. L'Académie de Médecine n'a été créée qu'en 1820, et c'est depuis sa création qu'on a jugé à propos de la consulter, en s'écartant de la forme *contradictoire* jusqu'alors spécialement et en connaissance de cause ordonnée et suivie pour l'examen de mon Remède, et en donnant lieu, par là, à la récrimination et au travail passionné d'une petite *Coterie* condamnée correctionnellement, pour *calomnie* et *diffamation*, dans l'un de ses Membres. Peut-on dire qu'elle a été *légalement* investie du droit de prononcer en dernier ressort, et ce d'une manière *occulte* et *discrétionnaire*? Il nous semble, avec plus de raison, que c'est *arbitrairement* qu'elle a été investie de ce droit, puisque la Faculté était seule désignée dans les Décrets. D'ailleurs, sans contester le mérite des Praticiens qui composent l'Académie de Médecine, peuvent-ils être plus compétens que les savans Professeurs de la Faculté? Cela nous paraît douteux, par la raison que les Professeurs sont dévoués aux progrès de la Science, tandis que les Académiciens sont absorbés dans les détails d'une pratique routinière qui ne marche pas toujours de pair avec la Science. Il n'est donc pas exact de dire que l'Académie a été *légalement* investie du droit de prononcer sur le mérite du Remède. Mais en supposant qu'il y eût de la *légalité* dans cette *investiture*, il n'y en aurait pas moins de l'*arbitraire* dans les conclusions du rapport de l'Académie, puisqu'elle a opéré en l'absence de l'Inventeur et sans qu'il ait été appelé à aucune de ses expériences thérapeutiques, *s'il en a été fait.* Car c'est là qu'est l'excès de pouvoir, attendu que, d'après les formes prescrites, les nouvelles expériences devaient être *contradictoires.*

Toutefois, nous ne contesterons pas la légalité de l'investiture, attendu que l'Académie de Médecine a été instituée pour remplacer la Faculté comme corps consultant. Mais l'Académie a prononcé par défaut, en l'absence de l'Inventeur du Remède; et c'est là qu'est l'excès de pouvoir qui rend la décision ministérielle du 30 novembre 1826, *illégale* et *arbitraire.* Vainement on objecterait que l'Académie n'était pas obligée d'appeler le Sieur Mettemberg, que ses statuts s'y opposaient; en un mot que le nouvel examen ne devait pas être *contradictoire :* c'est ici qu'est le nœud de la question. Sans doute l'Académie peut s'éclairer comme elle l'entend pour donner ses avis au Gouvernement qui la consulte; sans doute elle a pu déclarer, dans ses règlemens intérieurs, qu'elle ne serait pas obligée d'appeler les inventeurs des remèdes pour procéder aux expériences en leur présence; mais elle n'a pu faire ces choses *que pour l'avenir,* c'est-à-dire qu'elle n'a pu faire *rétroagir, dans une affaire toute particulière,* l'application de ses statuts réglémentaires. C'est un principe de justice qui ne peut être mis en doute. Or, dans l'espèce, les expériences devaient être *contradictoires,* d'après le Décret du 18 août 1810 (art. 4 et 5) et la décision ministérielle du 20 juillet 1813. C'était *un droit acquis* au Sieur Mettemberg, bien antérieurement à la création de l'Académie de Médecine qui n'a eu lieu qu'en 1820. L'Académie devait donc, lorsqu'elle fut consultée, *respecter ce droit acquis ;* elle devait se conformer à *ce qui était prescrit* et procéder *contradictoirement* avec l'Inventeur du Remède pour compléter les nouvelles expériences *contradictoires,* commencées avec la Commission spéciale de la Faculté, et restant à faire à l'égard des Gales *dégénérées* et des *contre-épreuves,* ce qui était essentiel et qui n'a pas eu lieu : cela est incontestable. Cependant on a fait tout le contraire, malgré mes réclamations réitérées; ce droit a été violé au mépris de tous les principes, on a refusé de me donner connaissance du rapport fait au nom de l'Académie, et le rédacteur de ce rapport était l'un des principaux agens de la *Coterie,* dont il a été parlé plus haut, condamnée correctionnellement dans l'un de ses Membres. De plus on avait *dénaturé la formule,* déposée sous la garantie de la Loi, changé la proportion et la combinaison de diverses substances, pour *discréditer* mon Remède, le rendre *mauvais,* le présenter comme *dangereux* et le faire publier comme tel dans le Journal de Pharmacie. Il est évident qu'il y a eu abus de pouvoir, et que la décision du 30 novembre 1826 qui l'a sanctionné, est, ainsi que nous l'avons dit, *illégale* et *arbitraire.* Nous disons *illégale,* parce qu'elle approuve un examen *discrétionnaire* de l'Académie qui était contraire aux Lois et à des droits acquis; *arbitraire,* parce que M. le Comte CORBIÈRE, alors Ministre de l'Intérieur, au lieu de *faire respecter* ces droits acquis, a permis qu'on n'en tînt aucun compte et qu'on les violât, ce qui constitue l'arbitraire proprement dit. Ainsi donc nous ne contesterons pas que l'Académie n'ait été *légalement* investie du droit de prononcer; mais nous soutenons qu'elle a agi *illégalement* en refusant d'admettre le Sieur Mettemberg aux expériences, attendu que c'était pour lui un droit acquis irrévocablement et depuis longtemps.

M. le Ministre dit que la décision du 30 *novembre* 1826 *ne peut être attaquée, en droit, ni pour la forme, ni pour le fond, ainsi que l'ont établi un Avis du Comité de l'Intérieur, et l'Ordonnance royale du* 8 *mars* 1827 *qui a rejeté le pourvoi formé devant le Conseil d'État contre ladite décision.*

Il y a encore ici une erreur évidente et qui choque les principes de notre droit public. Toute décision ministérielle est susceptible d'être attaquée devant les Chambres, parce que les Ministres sont responsables de leurs Actes aussi bien que de ceux du Roi. C'est une vérité qui a déjà été reconnue dans l'affaire, puisqu'en 1829 la Chambre des Députés a prononcé sur le pourvoi du Sieur Mettemberg. Il n'est donc pas exact de dire que la décision est inattaquable ; elle est attaquable sous les deux rapports qu'indique M. le Ministre, nonobstant l'Avis du Comité de l'Intérieur qui lui sert de base, et l'Ordonnance royale du 8 mars 1827 : car cette Ordonnance est étrangère à la cause, par la raison que le Conseil d'État s'est reconnu incompétent pour prononcer sur le pourvoi, en déclarant qu'il n'était pas recevable *par la voie contentieuse.* Nous disons donc que la décision n'est pas irrévocable et qu'elle peut être attaquée. *En la forme,* elle viole les formes prescrites pour l'exécution du Décret spécial d'*Instruction* du 18 mars 1813, attendu que, d'après ce Décret (conforme d'ailleurs à celui du 18 août 1810, art. 4 et 5), le Chef du Gouvernement *devait seul statuer* en Conseil d'État. L'excès du pouvoir est visible : un Ministre ne peut prononcer sur une affaire que le Chef de l'État s'est réservée et qui doit être l'objet d'un Décret ou d'une Ordonnance. *Au fond,* elle viole encore les deux Décrets précités, ainsi que la décision ministérielle du 20 juillet 1813, attendu que les expériences devaient être *contradictoires,* comme celles qui *avaient été faites précédemment,* pour obtenir le Décret d'*autorisation* du 6 février 1810. Il fallait donc s'en tenir aux *expériences déjà faites,* ou bien ordonner que les nouvelles auraient lieu *contradictoirement;* il n'y avait pas de milieu à prendre. Il fallait, pour être juste, repousser les influences des *Coteries,* et adopter ce qui avait été fait, ou bien se conformer à l'*ordre légal* pour l'avenir. C'est là qu'est l'injustice, et voilà comment la décision du 30 novembre 1826 *peut être attaquée, en droit, en la forme, comme au fond.*

M. le Ministre ajoute que les Décrets des 6 février 1810 et 18 mars 1813 ont autorisé provisoirement la vente et la distribution du Remède, et qu'ils ont dû cesser leur effet aussitôt après la décision définitive du 30 novembre 1826.

M. le Ministre avance encore ici un fait inexact. Les deux Décrets ne sont point *provisoires;* il n'y a que celui du 18 mars 1813 qui le soit, *parce qu'il a pour objet l'acquisition du Remède.* Mais il ne peut cesser d'avoir son effet que d'une manière légale. Or nous avons dit et nous répétons que la décision du 30 novembre 1826 est *illégale* et *arbitraire*, parce que M. le Ministre de l'Intérieur ne pouvait, de son autorité privée, trancher une question que le Chef de l'État s'était réservée, et qui devait être décidée en plein Conseil. En admettant donc avec M. le Ministre, que les deux Décrets fussent provisoires, ils n'ont pu *cesser d'avoir leur effet*, après une décision *illégale* et *arbitraire*, improprement qualifiée de définitive. En d'autres termes, les Décrets des 6 février 1810 et 18 mars 1813, qu'on les considère tous les deux comme provisoires ou comme définitifs, n'ont pu être *rapportés* et *annihilés* par une décision ministérielle. C'est un principe de droit public qui est à la connaissance de tous : jamais un Décret ou une ordonnance ne peut être rapporté par un Ministre. Ce principe a été consacré par la Chambre des Députés, et, il le sera constamment, parce qu'il sert de base à la hiérarchie des fonctions politiques et administratives.

M. le Ministre dit, en dernier lieu, qu'il serait sans objet de soumettre la demande à de nouvelles expériences, attendu que la question doit avoir été suffisamment éclaircie par les expériences faites depuis plus de 30 *ans.*

M. le Ministre s'écarte ici de la question. Sans doute les expériences qui ont été faites et qui ont donné lieu au Décret spécial d'*autorisation* du 6 février 1810, sont plus que suffisantes. Mais il ne s'agit pas de ces expériences, il s'agissait d'en faire de *nouvelles* pour remplir le vœu du Décret spécial d'*Instruction*, du 18 mars 1813 (à raison d'une différence d'opinions, entre les Commissions médicales d'examen et de révision, sur la quotité de l'indemnité pécuniaire qui devait m'être accordée, sur les *dégénérescences* de la gale, ou cette foule d'affections secondaires qu'entraîne souvent la guérison de la maladie primitive par tous les moyens usités, même les mieux entendus, sur les propriétés *indicative, curative* et *préservative* qui résultent du mode d'application de mon Remède par *absorption cutanée* et de sa réaction par l'*exhalation* du vice psorique ou du principe morbifique, *sur le degré d'utilité dont serait pour le Gouvernement l'emploi de ma Méthode*, etc., etc.) ; et ces nouvelles expériences devaient être faites *contradictoirement,* tandis que, *s'il en existe,* elles l'ont été d'une manière *occulte* et *discrétionnaire,* ce qui rend la décision ministérielle du 30 novembre 1826 *illégale* et *arbitraire.*

D'ailleurs, ajoute M. le Ministre, ces épreuves présenteraient de grandes difficultés, puisque l'Administration des Hospices ne veut pas consentir à ce qu'elles aient lieu dans les Établissemens qui lui sont confiés.

Le motif que donne ici M. le Ministre du Commerce et des Travaux publics ne me semble pas rationnel. L'Administration des Hospices n'a point et ne doit pas avoir de volonté indépendante pour ne pas consentir; c'est une Administration inférieure qui est obligée d'obéir aux injonctions de l'Autorité supérieure. Comment peut-il y avoir de difficultés puisqu'il s'agit seulement de donner des ordres pour faire les expériences? L'Administration des Hospices peut-elle se refuser à exécuter ces ordres? autant vaudrait-il dire que le supérieur est subordonné à l'inférieur. La raison que donne M. le Ministre est donc évidemment évasive et sans fondement.

Si cependant le Gouvernement *impérial* m'a autorisé à exercer mon Procédé particulier dans les Hospices, sous les yeux de diverses Commissions Médicales, en faveur de nombreux malades que l'on ne pouvait guérir, et qui l'ont été à l'admiration et à la satisfaction de MM. les *Administrateurs,* notamment au *Grand-Hôtel-Dieu de Lyon,* en 1806, pourquoi refuserait-on, sous notre Monarchie constitutionnelle, d'ordonner la reprise légale des nouvelles expériences publiques et contradictoires pour compléter l'exécution du Décret spécial et de la décision ministérielle, de 1813, à l'égard des gales *dégénérées* et des *contre-épreuves?*

Cet ordre serait d'autant plus urgent qu'*un esprit de corps,* trop souvent fatal aux progrès de la vraie Médecine, *s'obstine, pour le malheur de l'humanité, à cacher à l'*Administration *l'existence des gales palliées ou dégénérées, qui encombrent les hôpitaux et la société sous cent formes différentes.*

En résumé, M. le Ministre du Commerce et des Travaux publics reconnaîtra sans doute que la religion de l'ancienne Administration a été *surprise* par un *abus de confiance* (1); et qu'il s'agit, dans cette affaire, de la *réparation d'un acte arbitraire ;* que, pour arriver à cette réparation, il faut rapporter la décision prohibitive de M. le Ministre CORBIÈRE, du 30 novembre 1826, et rentrer *loyalement* et *légalement* dans l'exécution du Décret spécial d'*instruction* du 18 mars 1813, en conservant au Sieur Mettemberg les Droits acquis par lui en vertu dudit Décret et de celui d'*autorisation* du 6 février 1810.

Au surplus, M. le Ministre ne fait pas attention que les décisions sur lesquelles il fonde la sienne ont été rendues sous le régime du préambule et de la Charte de 1814 (art. 14) qui avait créé l'*omnipotence* absolue du Roi et de ses Ministres. Ce préambule et cet article 14 ont été abolis par la Charte de 1830. Le Roi constitutionnel, en jurant la Charte, s'est interdit et a interdit à ses Ministres, tout abus, tout acte despotique tendant à faire revivre l'*omnipotence* créée par la Charte de *Louis XVIII*. Les décisions sur lesquelles M. le Ministre fonde la sienne du 15 avril dernier, sont au nombre des actes arbitraires et despotiques abolis par la Charte de 1830. M. le Ministre reconnaîtra donc qu'il doit d'autant plus rapporter cette décision du 15 avril dernier, qu'elle est en opposition avec la délibération de la Chambre des Députés, prise en 1829, sur ma pétition, et renvoyée au Ministre pour appliquer le principe qu'elle a consacré.

Le Gouvernement représentatif serait attaqué dans ses fondemens, si les Ministres pouvaient faire le contraire de ce qui a été délibéré par les Chambres, en leur renvoyant une pétition.

---

(1) Cet abus de confiance consiste dans la SUBSTITUTION CRIMINELLE d'un remède *inutile et dangereux*, qui rend la peau *sèche* et *rugueuse*, à celui qu'au contraire j'ai inventé pour *réagir* par exhalation ou les pores transpirables, et qui, sollicité dans le principe par le Gouvernement lui-même, en 1794, a été légalement communiqué, analysé, expérimenté, approuvé, *autorisé*, reconnu bon *en soi* et très utile à l'humanité, par les effets critiques et salutaires qu'il a produits et qu'il continue toujours de produire.

CONSIDÉRATIONS
D'INTÉRÊT PUBLIC.

Fondé sur les procès-verbaux de nombreuses expériences *contradictoires,* sanctionnés par les Décrets spéciaux précités, qui constatent, d'une manière irrévocable, toutes les circonstances de mon nouveau mode de traitement et de toilette hygiénique, par lotions et frottemens et par crises naturelles; qui prouvent l'identité des faits, l'action *révulsive-externe* et *diaphorétique* de la *Quintessence anti-psorique* ou *Eau de Mettemberg ;* l'*innocuité* et la bonté *en soi* de ce *Spécifico-cosmétique ;* la priorité de ma Méthode simple et facile, pour arrêter l'excessive propagation d'une dégoûtante affection, source de tant d'autres, pour prévenir la gale et guérir les gales récentes et dégénérées, sans déranger les personnes de leurs occupations, ni les Militaires et Marins de leur service, et sans altérer les linges ni les vêtemens qu'ils portent, pour augmenter par le fait le nombre des Soldats, et épargner à l'État des sommes considérables;

Fondé encore sur le rapport légal fait à l'EMPEREUR NAPOLÉON, le 3 février 1813, par M. le Ministre MONTALIVET, tendant à l'acquisition et à la publication immédiate de mon Remède, comme aussi sur les formalités régulières qui ont été remplies par moi auprès de plusieurs Gouvernemens étrangers, depuis cette époque, et dont on ne peut non plus empêcher l'existence pour l'intérêt de la postérité, du moins, malgré le triomphe momentané de l'*obscurantisme* et de l'*intrigue,* je proteste et protesterai toujours contre l'emploi *très dangereux* de tous moyens *astringens, répercussifs, affaiblissans, irritans* et *révulsifs-internes, interceptant* ou *diminuant* la circulation des humeurs, *malpropres* et *infectans, perturbateurs* et véritablement *empiriques,* dans le traitement de la gale et d'autres affections de la peau, attendu que ces moyens routiniers sont contraires aux progrès actuels de la Science, aux lois immuables et réelles de la Physiologie et de l'Hygiène, et qu'ils donnent souvent lieu à des métastases de la matière psorique sur les viscères et à des désordres très variés dans l'économie animale.

Du reste, si M. le Chef de bureau, qui faisait partie de l'ancienne Administration et qui a fait le rapport de l'affaire à M. le Ministre, de même que la rédaction de la Lettre que je viens de réfuter, n'a pu reconnaître et empêcher toutes les petites manœuvres qui ont été employées dans l'ombre par une *Coterie*, pour *circonvenir* l'Académie Royale de Médecine et l'Autorité, pour *éluder* la reprise des nouvelles expériences publiques et contradictoires ordonnées par le Décret spécial et la décision ministérielle de 1813, tendant à l'*acquisition* de mon Remède, et *remettre en question* une chose irrévocablement jugée, quant à son *autorisation légale*, je saurai de nouveau me défendre au besoin devant les Tribunaux ; et j'ai toute confiance dans les vues éclairées de M. le Chef de Division, qui, *en sa qualité de Médecin*, peut, mieux que tout autre, distinguer le vrai mérite de la découverte, des tentatives obscures du charlatanisme pharmaceutique.

Toutefois, en confirmation des deux rapports *expérimentaux* et *réguliers* de l'ancienne Commission Médicale de révision, qui, suivant la Loi, devait être la *dernière* pour la publication de la *véritable* composition de mon Remède, tout Praticien impartial et éclairé peut facilement s'assurer de l'exacte vérité, de la conséquence et de l'*importance* de ces rapports *irrécusables*, qui ne vieilliront jamais, et apprécier par lui-même les nombreux avantages d'un médicament *fait, non sujet à s'altérer*, qui provoque la sueur et la transpiration, sans agir directement sur l'estomac ni sur les nerfs (puisqu'il ne se prend point intérieurement), et qui est aussi énergique dans ses effets que doux dans son usage.

D'après de tels avantages dûment constatés et dont tout homme sensé peut se rendre compte par sa propre expérience, seul juge impartial et persuasif, et d'après la présente réfutation, pourquoi hésiterait-on encore à compléter l'exécution du Décret du 18 août 1810, à l'égard d'un *Médico-cosmétique*, qui alors pourrait avec empressement, et en parfaite connaissance de cause sur la valeur *spécifique* de la Composition (que constitue principalement le mercure devenu *Proto-chlorure* et *Deuto-chlorure,* et rendu *diaphorétique* et *révulsif-externe*), être essayé contre le *Cholera-morbus* et la *Peste,* aussi bien que contre la gale et l'excessive propagation de ce fléau, qui afflige l'humanité en toutes saisons et dans tous les pays (1).

Enfin, au moment où l'Armée française est mise sur le pied de guerre, où la Garde Nationale elle-même peut être mobilisée, pourquoi ma Découverte ne deviendrait-elle pas d'un intérêt plus général encore? Car les considérations que j'ai fait valoir, ainsi que la longanimité dont j'ai fait preuve depuis 37 ans, *méritent de fixer de nouveau l'attention du Gouvernement;* d'une part, le contact des troupes étrangères et des indigènes peut attirer des maladies contagieuses, endémiques, épidémiques; et, de l'autre, ma persévérance doit attester, d'une manière évidente, que j'agis plus par humanité, que pour la quotité de l'*indemnité pécuniaire qui m'est due d'après la Loi.* Je préfère à tout, le bonheur d'être utile à mes semblables et de faire prévaloir la *Quintessence anti-psorique* ou l'*Eau de Mettemberg* (par la publication officielle de la véritable Composition de ce Remède particulier *autorisé*, illégalement et injustement *entravée* depuis 1813), sur ces remèdes de *Charlatans* aussi pernicieux que contraires à l'art de la Thérapeutique.

Paris, le 20 juin 1831.

METTEMBERG,

Médecin consultant, breveté de plusieurs Souverains, ancien Chirurgien-Major des Corps armés, de la Garde et Maison de la Chambre des Pairs, Chevalier de l'Ordre royal du Mérite civil de Prusse de Ire classe, Éligible, Inventeur de la Méthode spéciale (sollicitée en 1794 par le Gouvernement) pour prévenir la gale et guérir les gales récentes et dégénérées,

Rue Saint-Thomas-d'Enfer, n° 5.

---

(1) Ainsi, *Mettemberg* a cru devoir faire observer à l'AUTORITÉ que son Procédé pourrait aussi être employé rationnellement et avantageusement contre le CHOLERA-MORBUS, en faveur de la Troupe, *par une manœuvre mutuelle de toilette hygiénique, et comme mesure de préservation.*

www.ingramcontent.com/pod-product-compliance
Ingram Content Group UK Ltd.
Pitfield, Milton Keynes, MK11 3LW, UK
UKHW020502220726
13923UKWH00006B/2715

9 782019 296308